Ernst Götzinger

Über die Dichtungen des Angelsachsen Caedmon und deren Verfasser

Ernst Götzinger

Über die Dichtungen des Angelsachsen Caedmon und deren Verfasser

ISBN/EAN: 9783742868701

Hergestellt in Europa, USA, Kanada, Australien, Japan

Cover: Foto ©Thomas Meinert / pixelio.de

Manufactured and distributed by brebook publishing software (www.brebook.com)

Ernst Götzinger

Über die Dichtungen des Angelsachsen Caedmon und deren Verfasser

Ueber die Dichtungen des Angelsachsen Caedmon und deren Verfasser.

Inaugural-Dissertation

zur Erlangung

der philosophischen Doctorwürde

von

Ernst Götzinger
aus Schaffhausen.

Göttingen, 1860.
Druck der Dieterichschen Univ.-Buchdruckerei.
(W. Fr. Kaestner.)

„Wir sinnen und trachten gern über die Vergangenheit. Wenn im Frühling die höher steigende Sonne aus der winterkalten Erde Gräser, Halme, Blüten treibt, so hegt im Herbste der Boden zwar noch Wärme des Sommers, aber Spitzen und Wipfel beginnen erkaltend abzuwelken. Dann geschieht es, dass das grüne Laub einiger Bäume vor dem letzten Falben seine Farbe wechselt und in Röthe übergeht. Solch ein Herbstes-Aussehn hat mir die im Heidenthum wurzelnde angelsächsische Dichtung: nicht ohne matten Widerschein setzt sie ihre Säfte noch einmal um und verkündet ihren nahen Tod."

Mit diesen Worten schloss J. Grimm die Einleitung zu seiner ausgezeichneten Ausgabe der angelsächsischen Legenden Andreas und Helene. Sie gelten auch derjenigen Art angelsächsischer Dichtung, von welcher einen Theil näherer Betrachtung zu unterwerfen wir uns hier vorgenommen haben. Wir unterscheiden in der angelsächsischen Poesie im Allgemeinen zwei Hauptklassen, von denen die eine die volksthümliche, die andere die kirchliche Richtung der Verfasser deutlich zu erkennen giebt. Als vornehmstes Werk jener nennen wir den Beowulf; die-

1 *

ser Richtung gehören die Gedichte Cynewulfs und Caedmons an. Beowulf hat als das älteste Heldengedicht der Deutschen von grösserem Umfange am meisten der aufmerksamen Bearbeitung deutscher und englischer Gelehrten sich zu erfreuen gehabt; weniger Aufmerksamkeit hat Caedmon erregt, weil er, religiösen Inhalts, des den ältesten Zeiten Eigenthümlichen weit weniger bietet, mag er auch dichterisch dem Beowulf wohl an die Seite gestellt werden. Wenn nun aber für die Gedichte Caedmons selbst weniger geschehen ist, so ist dagegen die Frage über den Dichter zu wiederholten Malen mehr oder minder ausführlicher Besprechung unterworfen worden. Bekanntlich war es Franciscus Junius, der erste Herausgeber, welcher in diesen Dichtungen, da er sie in einem einzigen Codex vereinigt vorfand, die Werke des Dichters Caedmon zu erkennen glaubte, von dem Beda Venerabilis eine höchst wunderbare Geschichte erzählt. Nach Erscheinen dieser editio princeps (Amst. 1655) ist die Frage über die Verfasserschaft Caedmons nie ruhen geblieben; die wichtigsten Gelehrten, welche darüber geschrieben haben, sind Georg Hickes (†1715), J. J. Conybeare, Thorpe in seiner Ausgabe [1]) und zuletzt Bouterwek in zwei kleinern Schriften [2]) und

---

1) Caedmons metrical paraphrase of parts of the holy scriptures, with an english translation, notes and a verbal index by Benjamin Thorpe, F. S. A. London 1832. Hier finden sich in der Einleitung die Stellen aus Junius und Hickes.

2) De Cedmone poeta Anglo-Saxonum vetustissimo brevis dis-

in der Einleitung zu seiner Ausgabe Caedmons [1]). Ettmüller in seinem Handbuch der deutschen Litteraturgeschichte und Grein in der Bibliothek [2]) haben nichts neues gebracht.

Die Stelle im Beda, auf die sich Junius bei seiner Combination stützte, steht in der hist. eccl. Angl. IV. 24, und lautet folgendermassen: In hujus Monasterio Abbatissae (Hildae) fuit frater quidam divina gratia specialiter insignis, quia carmina religioni et pietati apta facere solebat; ita ut quicquid ex divinis litteris per interpretes disceret, hoc ipse post pusillum, verbis poeticis maxima suavitate et compunctione compositis, in sua, id est Anglorum, lingua proferret. Cujus carminibus multorum saepe animi ad contemptum saeculi et appetitum sunt vitae caelestis accensi. Et quidem et alii post illum in gente Anglorum religiosa poemata facere tentabant; sed nullus eum aequiparare potuit. Namque ipse non ab hominibus neque per hominem institutus canendi artem didicit, sed divinitus adjutus gratis canendi donum accepit. Unde nihil unquam frivoli et supervacui poematis facere potuit; sed ea tantummodo quae ad religionem pertinent, religiosam ejus linguam decebant. Siquidem in ha-

---

sertatio. Elberfeldae 1844. — Elberfelder Gymnasialprogramm vom Jahr 1845. —

1) Caedmons des Angelsachsen biblische Dichtungen, herausg. von K. W. Bouterwek. Gütersloh 1854. 2 Thle

2) Bibliothek der angelsächsischen Poesie, herausgeg. von C. W. M. Grein. Göttingen 1857. Bis jetzt zwei Bände. Unsere Dichtungen stehen in Bd. 1.

bitu saeculari usque ad tempora provectioris aetatis constitutus, nihil carminum aliquando didicerat. Unde nonnunquam in convivio, cum esset laetitiae causa ut omnes per ordinem cantare deberent, ille, ubi adpropinquare sibi citharam cernebat, surgebat e media coena et egressus ad suam domum repedabat. Quod dum tempore quodam faceret, et relicta domo convivii egressus esset ad stabula jumentorum, quorum ei custodia nocte illa erat delegata, ibique hora competenti membra dedisset sopori, adstitit ei quidam per somnium, eumque salutans ac suo appellans nomine: „Caedmon", inquit, „canta mihi aliquid." At ille respondens, „Nescio", inquit, cantare, nam et ideo de convivio egressus huc secessi, quia cantare non poteram." Rursum ille qui cum eo loquebatur, „Attamen", ait, „mihi cantare habes." „Quid", inquit, „debeo cantare?" At ille, „Canta", inquit, „principium creaturarum." Quo accepto responso, statim ipse coepit cantare in laudem Dei Conditoris versus quos nunquam audierat, quorum iste est sensus: „Nunc laudare debemus Auctorem regni caelestis, potentiam Creatoris, et consilium illius, facta Patris gloriae: quomodo ille, cum sit aeternus Deus, omnium miraculorum auctor exstitit, qui primo filiis hominum caelum pro culmine tecti, dehinc terram Custos humani generis omnipotens creavit." Hic est sensus, non autem ordo ipse verborum quae dormiens ille canebat: neque enim possunt carmina, quamvis optime composita, ex alia in aliam linguam, ad verbum, sine detrimento sui decoris ac dignitatis, transferri.

Exsurgens autem a somno, cuncta quae dormiens cantaverat, memoriter retinuit, et eis mox plura in eundem modum verba Deo digni carminis adjunxit. Veniensque mane ad villicum, qui sibi praeerat, quid doni percepisset indicavit; atque ad abbatissam perductus, jussus est, multis doctioribus viris praesentibus, indicare somnium et dicere carmen, ut universorum judicio, quid vel unde esset quod referebat, probaretur, visumque est omnibus, caelestem ei a Domino concessam esse gratiam. Exponebantque illi quendam sacrae historiae sive doctrinae sermonem, praecipientes ei, si posset, hunc in modulationem carminis transferre. At ille suscepto negotio abiit, et mane rediens, optimo carmine quod jubebatur compositum reddidit. Unde mox abbatissa, amplexata gratiam Dei in viro, saecularem illum habitum relinquere et monachicum suscipere propositum docuit; susceptumque in monasterium cum omnibus suis fratrum cohorti adsociavit, jussitque illum seriem Sacrae Historiae doceri. At ipse cuncta quae audiendo discere poterat, rememorando secum, et quasi mundum animal, ruminando, in carmen dulcissimum convertebat; suaviusque resonando doctores suos vicissim auditores sui faciebat. Canebat autem de creatione mundi et origine humani generis, et tota Genesis historia, de egressu Israel ex Aegypto et ingressu in terram repromissionis, de aliis plurimis Sacrae Scripturae historiis, de Incarnatione Dominica, Passione, Resurrectione et Ascensione in caelum, de Spiritus Sancti adventu, et Apostolorum doctrina. Item de terrore futuri judicii, et horrore poenae gehennalis, ac dulcedine regni caelestis, multa carmina faciebat; sed et alia perplura de beneficiis et judiciis divinis, in quibus cunctis homines ab amore scelerum abstrahere, ad dilectionem vero et sollertiam bonae actionis excitare curabat. Erat enim vir multum religiosus, et regularibus disciplinis humiliter subditus; adversum vero illos qui aliter facere volebant, zelo magni fervoris accensus: unde et pulchro vitam suam fine conclusit.

Der Dichter hat also gesungen von der Erschaffung der Welt und vom Ursprung des Menschengeschlechts, von der ganzen Geschichte der Genesis, vom Auszug Israels aus Aegypten und vom Einzug in das Land der Verheissung, von vielen andern Erzählungen aus der heiligen Schrift, von der Fleischwerdung des Herrn, von seinem Leiden, seiner Auferstehung und seiner Himmelfahrt, von der Austheilung des heiligen Geistes und der Lehre der Apostel; ebenso vom Schrecken des jüngsten Gerichts und vom Schauer der Höllenstrafe; auch von der Herrlichkeit des Himmelreichs hat er viele Gedichte verfertigt, aber auch noch sehr viele andere von den göttlichen Wohlthaten und Gerichten. Da Junius diese Erzählung Beda's kannte: wie leicht konnte er auf die Vermuthung kommen, in der ihm zur Herausgabe übergebenen Handschrift habe er Dichtungen jenes frommen Mönches Caedmon vor sich, zumal da das kleine von Beda mitgetheilte Gedicht recht gut zu den neu aufgefundenen Dichtungen passte. Er setzte darum ohne Weiteres den Namen Caedmons auf den Titel seiner Ausgabe, und ihm sind alle spätern Gelehrten gefolgt. Hickes Einwurf, dass die Paraphrase in dänischsächsischer Mundart geschrieben sei, während der von Beda lateinisch, von König Alfred in seiner Uebersetzung Bedas angelsächsisch gegebene Hymnus den Caedmon als Northumbrier verrathe, ist von Thorpe und Bouterwek durch den Nachweis widerlegt worden, dass die Paraphrase in Wirklichkeit gar keine Danismen enthalte.

Ohne andere Beweise gegen Junius wäre also bis jetzt die Autorschaft des frommen Mönches gerettet, abgesehen davon, dass die ganze Geschichte bei Beda fast mehr einem Mährchen ähnlich sieht als wahrer Geschichtserzählung, einem Mährchen, das ebenso vom Dichter der altsächsischen Evangelienharmonie berichtet, und das sogar von Hesiod schon ganz ähnlich erzählt wird [1]). Es lassen sich aber noch mehr Gründe auffinden, die gegen die Meinung des gelehrten Junius sprechen. Beda zählt, wie wir gesehen haben, eine ganze Reihe von Stoffen auf, welche sein Mönch behandelt haben soll; es scheint durchaus, als ob er nur ein Verzeichnis aller ihm bekannten Dichtungen Caedmons gebe und das „de aliis plurimis Sacrae Scripturae historiis" nur im Eifer des Schreibens hinzusetze, weil er seinem Helden eine so grosse Menge von Dichtungen beilegen konnte. Den Daniel jedoch, das dritte Stück, hat er vergessen, und doch

---

1) Preller, griechische Mythologie II. 344.

haben wir gerade für dieses Stück einen deutlichen Beweis, dass es zu den bekanntern alttestamentlichen Paraphrasen gehört haben muss: wir besitzen nämlich vom Gesang der drei Männer im feurigen Ofen und vom Gesang Asariae, Stücken, welche der Dichter mit in seine Paraphrase verflochten hat, eine zweite Recension im Codex Exoniensis (Grein, Bibl. der angels. P. I, 115), das einzige Stück aus Caedmon, welches doppelt auf uns gekommen ist.

Caedmon hat nach Beda's Bericht ausser den in unserer Sammlung enthaltenen Gedichten noch viel andere Stoffe dichterisch behandelt, von denen sich merkwürdiger Weise im Codex Exoniensis eine ganze Anzahl wiederfindet: Höllenfahrt Christi; dômes däg; Reden der Seelen; manna cräftas; manna vyrde; manna môd; Wunder der Schöpfung [1]. Wenn aber für die Autorschaft Caedmons kein anderer Beweis angeführt werden kann als Bedas Aufzeichnung der Genesis, des Exodus und de terrore futuri judicii et horrore poenae gehennalis, Titel, die sich in unserm Caedmon wiederfinden: so muss man, um consequent zu bleiben, auch alle Titel des Codex Exoniensis, die mit Beda stimmen, ebenfalls demselben Caedmon zuschreiben; denn sie sind im Allgemeinen Dichtungen ganz derselben Art, und nehmen mit den Dichtungen des Junius Theil an der Anonymität ihrer Verfasser. Nur ist dann schwer zu begreifen, wie ein so berühm-

---

1) Nach Greins Bibliothek. Vgl. Illustrations of Anglo-Saxon poetry by J. J. Conybeare, London 1826. pag. 198 ff.

ter Dichter, von dem man liest: Et quidem et alii post illum in gente Anglorum religiosa poemata facere tentabant; sed nullus eum aequiparare potuit, — wie dieser zwar viele seiner Werke, vor keinem einzigen aber seinen Namen auf die Nachwelt hat bringen können. Es müsste für diesen Theil der angelsächsischen Litteraturgeschichte von nicht geringem Interesse sein, wenn man das Verhältnis dieser religiösen Stücke im Codex Exoniensis zum Caedmon einer nähern Untersuchung unterwürfe: hier würde uns dies theils zu weit führen, theils sind bis jetzt der leichtern Hülfsmittel zu wenige vorhanden, solange nicht Greins Wörterbuch erschienen sein wird.

Nach Erwägung aller dieser Gründe scheint kaum wahrscheinlich, dass wir die Frage über die Identität des Mönches mit dem Verfasser unserer Dichtungen bejahen dürfen. Eintrag kann diese Behauptung unsern Gedichten nicht thun; vielmehr wird der Dichter, sei er wer er wolle, immer ebenbürtig neben Cynewulf und dem Dichter des Beowulf dastehen. Aber damit ist die Frage nach der Verfasserschaft keineswegs erledigt. Wir haben bis jetzt nur gesehen, dass der Verfasser schwerlich Caedmon geheissen hat.

War es denn aber überhaupt nur ein Verfasser, welcher die Genesis, den Exodus, den Daniel und den Christ und Satan gedichtet hat? War es nicht zu voreilig, die Gedichte nur deshalb, weil sie in einem und demselben Codex stehen, auch einem und demselben Dichter zuzuschreiben? Alle frühern Herausgeber haben dies gethan, den s. g. zweiten Theil Caedmons (bei Grein Christ und Satan) ausgenommen, der von Bouterwek einem andern Dichter beigelegt wird. Ueberhaupt scheint dieser Gelehrte nicht recht von der Aechtheit der Gedichte überzeugt gewesen zu sein, ohne jedoch zu einem bestimmten Resultate gelangen zu können. Denn wenn er Seite CCXXXIV der Vorrede zu seiner Ausgabe sagt: „Sobald ich die Ueberzeugung gewonnen hatte, dass in diesen Dichtungen Erzeugnisse von sehr verschiedenen Dichtern und aus verschiedenen Zeiten zusammengetragen sind, die nur das miteinander gemein haben, dass sie auf demselben biblischen Grunde ruhen u. s. w.", so könnte man vermuthen, er habe die verschiedenen Theile abgelöst; aber das Resultat dieser Ueberzeugung ist sehr wenig erschöpfend: „so ergaben sich z. B. die vielen Veränderungen im zweiten Theil Caedmons"; ob zu diesem Beispiele noch andere Beispiele hinzukommen, erfahren wir nirgends, denn auch S. CXL lässt uns völlig im Dunkeln. Sie lautet: "Caedmons Dichtungen haben bekanntlich (s. Vorrede zum Glossar Caedmon. S. VII) einen sehr verschiedenen Werth und sind weder das Werk eines einzigen Dichters noch auch einer und derselben Zeit. Sie sind eine in ihrer Art nicht ungeschickte Compilation aus verschiedenen Schriften". Die nähere Beschaffenheit dieser Schriften ist nirgends angedeutet.

Eine Ausnahme macht allein das zweite Buch Caedmons, dessen auffallende Verschiedenheit schon Thorpe richtig bemerkt, aber zu keiner Schlussfolgerung benutzt hat. Erst Bouterwek hat in der Vorrede zu seiner Ausgabe S. CCXXIV durch Ausführung im Einzelnen unwiderruflich dargethan, dass, ganz abgesehen davon, dass dieser zweite Theil von einer andern, schlechtern Hand geschrieben ist, schon sprachlich die Identität der Verfasser beider Theile unmöglich ist. Er hat darin zugleich eine Hinneigung der Sprache zum nordanglischen Dialekt nachgewiesen. Ein weiterer Nachweis, vom Inhalt des Stückes ausgehend, scheint darum unnöthig, und wir beschränken uns deshalb auf die Untersuchung des ersten Theils.

Der erste Theil Caedmons enthält eine Paraphrase der Genesis, reichend bis zur Erzählung der Opferung Isaaks durch Abraham (bei Bouterwek V. 1 —2929). Dann folgt die Paraphrase des Exodus, 2 Mose 13, 20 bis 15, 21 (V. 2930—3518). Endlich die Paraphrase des Propheten Daniel (3519—4212). Es liegt uns ob, den poetischen Charakter dieser drei Stücke einer nähern Prüfung zu unterwerfen.

Die *Genesis* beginnt keineswegs mit Erschaffung der Welt nach der biblischen Erzählung; vielmehr beginnt der Dichter unter dem Einfluss der zu seiner Zeit bei den Angelsachsen sehr verbreiteten, von Gregor ausgebildeten, apokryphischen Engellehre mit einer Lobpreisung des Himmelsfürsten und seiner Engelchöre, den Kindern der Glorie, den glorreichen Dienern Gottes, welche sündlos in hoher Würde um ihren Oberherrn im Himmel lebten, bis der oberste der Engel aus Uebermuth in Wahnsinn fiel: er mit seinen Anhängern wollte von Gott die Himmelsburg erstreiten. Da ward er mit den treulosen Geistern in die Hölle gesetzt, wo sie heulen und wehklagen, verdammt zu ewiger Verbannung, ihrem Werke zu Lohne. Nur die treugebliebenen Engel geniessen noch fortan der ewigen Wonne. Da gedachte der Herr, wie er die Erde abermals besetzte mit seligerem Volk, zum Ersatz der Feinde, und er erschuf nun den Himmel und die Erde und alle andern Werke. Die Erzählung der biblischen Schöpfung ist in sehr erhabenem Tone gehalten, ausgeführt mit allem Schmuck der Rede, wie ihn die allitterierende Poesie durch ihren Reichthum an feststehenden Formeln und durch den vorwaltenden Parallelismus der Glieder leicht mit sich bringt. Nach dem dritten Schöpfungswerke erscheint eine Lücke; der erhaltene Text bringt uns sogleich zur Erschaffung Eva's, der lieblichen Braut Adams, der mit Geist begabten; der Herr setzt sie in's Paradies und giebt ihnen Macht über alle Thiere und über alle Gewächse. Nur von einem Baum sollen sie nicht essen. Sie dankten Gott und erwogen, wie sie seinen Willen am längsten möchten leisten.

Der Allwalter hatte zehn Engelgeschlechter erschaffen: der oberste der Engel, leuchtend gleich den lichten Sternen, fieng an übermüthig zu werden, wollte Gott nicht immer dienen, sondern Gott gleich sein. Da warf ihn der Herr vom hohen Stuhle in die Hölle, wo er zum Teufel ward. Drei Nächte und drei Tage hindurch fielen die Engel, die mit ihm abgefallen waren, von oben in die Hölle. Aber Satan fieng an den Adam zu beneiden, dass dieser an seiner Statt des Herrn Huld geniesse: „Wäre ich nicht mit eisernen Klammern an die Hölle gebunden, ich kämpfte selbst mit ihm. Aber Gott hat mir grosse Riegel vorgeschlagen; denn wir haben für ewig seine Gnade verwirkt. Darum lasst uns darauf sinnen, wie wir den Menschen das Himmelreich entwenden, weil wir's nicht haben dürfen; dann müssen auch sie die Hölle suchen. Gab ich je einem von euch in glücklicheren Tagen fürstliches Ehrengeschenk, der entgelt' es mir jetzt; der breche hindurch durch dieses Gefängniss und schwinge sich auf zu dem Orte, wo Adam und Eva des Glücks geniessen, das unser war. Gelingt es einem von euch, sie zu verführen, dass Gottes Gebot sie brechen, dann entbrennt er gegen sie, ihr Glück entflieht, und harte Strafe trifft sie; ruhen kann ich dann getröstet in diesen Ketten. Wer das vermag, ihm will ich's lohnen: sitzen soll er an meiner Seite". Darauf begann sich zu gürten ein Gottes-Widersacher, setzte sich den Hehlhelm auf, schwang sich von dannen auf und kam zu dem Menschenpaar. Er hatte sich in eines Wurmes Leib geworfen und wand sich um den Todesbaum, über und über schwarz, dunkel und düster. Jetzt versuchte er zuerst den Adam: „Verlangt dich etwa auf zu Gott? In seinem Auftrag bin ich hierher gefahren, ich hörte ihn dein Thun und deine Werke loben; er selbst will nicht die Arbeit weiter haben, dass er an diese Wege fahre. Darum gebietet er dir als Hülfe aus dem Himmelreich: „Iss diesen Apfel!" Doch Adam glaubt der Schlange nicht, weil der Herr ihm geboten hat, vom Todesbaum nicht zu essen. Auch gleicht ja die Schlange keinem Engel an ihrem Leibe. Da wandte sich der Wüthende dahin, wo er das Weib sah und sprach zu ihm: „Ich weiss, dass Gott erbost sein wird über euch, wenn ich ihm sage, ihr hättet seinem Boten nicht gehorcht. Darum bedenke, o Weib, und folge meinen Worten, so will ich deines Mannes Ungehorsam dem Herrn verhehlen." Eva darauf ass des Obstes; da konnte sie gar weithin sehen; durch die Schlange kam ihr da, dass ihr weit heller deuchte der Himmel und die Erde, und alle diese Welt viel wonniglicher und die Werke Gottes gar mächtig und gross. Und sie überredete den Adam, dass auch er vom Apfel esse, damit er das gleiche Wissen erhalte, dessen sie theilhaftig geworden sei. Nachdem beide vom Obste gegessen hatten, frohlockte die Schlange: „Jetzt sind für manche Tage die Menschen verleidet; zu uns sollen sie in die heisse Hölle wandern". Da flog von hinnen wieder aller Boten bitterster zur heissen Lohe.

Nun sorgten beide, Adam und Eva, oft, dass sie ihre Strafe nunmehr haben möchten; sie wollten's gern leiden, da sie Gottes Weisung und sein Gebot gebrochen. Adam schalt sein Weib heftig, dass sie ihn verleitet habe: „Wer wird uns vor Kälte, vor Regen und Wind schützen? Hunger und Durst schneidet die Brust, und der machtreiche Gott ist wuthgesinnt". Und sie giengen baarleib in den Wald, in des Holzes Schatten, sassen da gesondert, ihr Schicksal zu erwarten. Da kam der Fürst voll Allmacht gefahren, zu erkunden was seine Kinder machten. Sie verbargen sich. Sofort begann der Herr Adam zu rufen. Und Adam fürchtete und schämte sich, und Gott verfluchte die Schlange und trieb die Menschen aus dem Paradiese.

Bis hierher folgt, wie wir gesehen haben, unsere Erzählung dem biblischen Texte nirgends getreu; der Dichter hat nebenher auch andere Quellen benutzt, die damals bei den Angelsachsen bekannt sein mussten. Nach Bouterwek ist die ganze Engellehre Caedmons aus Gregors des Grossen und seiner Schüler Anschauungen genommen, und zwar durch Vermittlung der Homilien Aelfrics *).

Die Erzählung nimmt ihren Verlauf den biblischen Nachrichten folgend, doch nicht im knappen und gedrängten Stile des biblischen Erzählers, sondern immer mit epischer Breite und Ausführlichkeit, so dass mancherlei Betrachtungen und Abschweifungen an die einzelnen Thatsachen angeknüpft werden, zuweilen auch Hinblicke auf die Gegenwart (V. 993).

---

*) Bouterw. CXLI. Dieser Aelfric translator, dessen Zeit nicht ganz genau zu bestimmen ist, lebte um's Jahr 1000. Siehe The history and antiquities of the Anglo Saxon church by John Lingard, D. D. London 1845. Vol. II. pag. 452 ff. Beda, welcher Caedmons Tod erzählt, starb 735, Caedmon muss demnach früher gestorben sein; nach Thorpe XXIX im Jahre 680. Wie kann also die Genesis noch dem Mönche Cädmon zugeschrieben werden?

Besondere Vorliebe zeigt der Dichter für den Dialog, der immer sehr weit ausgesponnen und so oft als möglich angebracht wird. Hin und wieder kommen noch Abweichungen vom biblischen Text und apokryphische Nachrichten vor; dahin gehört V. 1120, wonach Adam, als er den Seth zeugte, dreihundert Jahre alt war, während Gen. 5, 3 nur hundert und dreissig Jahre angiebt. Ebenso finden sich V. 1542 vier apokryphische Namen der Schwiegertöchter Noahs: Phercoba, Olla, Olliva und Ollivani *). Die Geschlechtsregister Kains und Seths zeichnen sich aus durch die Kunst, mit welcher der Dichter es verstanden hat, den Begriff des Abstammens in den mannigfaltigsten Ausdrücken wieder zu geben. Es folgt die Geschichte Noahs und der Sinfluth; dann Noahs Geschlechtsregister, jedoch sehr verkürzt, so dass nur je der älteste Sohn bezeichnet wird im Widerspruch mit Gen. 10. Blosse Namenregister liessen sich natürlich nicht in den Vers bringen, aus welchem Grunde auch nach Beschreibung der babilonischen Sprachverwirrung das Geschlechtsregister Sems (Gen. 11, 10—26) weggelassen und der Zusammenhang der Geschichte mit diesen Worten hergestellt ist: Da wuchs unter den Wolken weithin gedeihend die Maagschaft Sems, bis dass ein Mann erwachte, dem als Abkömmlinge geboren wurden in

---

*) Olla und Olliva aus Ezechiel 23,4. Ollivani nach Bouterwek im Programm S. 18 Ahalibama (LXX hat Aolibama) aus Gen. 36; Phercoba bleibt dunkel.

Bablonia zwei freie Kinder, Abraham und Aaron. Wie überall in angelsächsischen Gedichten, wo von Kampf und Krieg die Rede ist, die Sprache erhaben und prächtig wird, so auch in der jetzt folgenden Erzählung, Gen. 14, dem schönsten Theile unseres Gedichtes; kaum erkennt man noch die paar Worte des Textes, welche dem Dichter zur Unterlage gedient haben, in seinem mit den lebendigsten Farben geschilderten Kriegsgemählde; wenn irgend ein Theil der Paraphrase, so ist jedenfalls dieser ganz dem Dichter eigenthümlich. Auffallend erscheint aber, dass trotz der durchgängigen Ausführlichkeit der Rede einzelne ächt alttestamentliche Sitten, welche der Angelsachse nicht ohne Commentar verstand, vom Dichter übergangen worden sind; so die Erzählung, wo Melchisedek dem Abraham Brod und Wein bringt, Gen. 14, 18. Caedm. 2103. — Bei Gen. 14, 23, wo es heisst: „dass ich von allem, was dein ist, nicht einen Faden noch Schuhriemen nehmen will, dass du nicht sagest, du habest Abram reich gemacht", wird nach ächt germanischer Weise der Ausdruck folgendermassen übersetzt: „behalte das gewundene Gold, das ehemals unserm Volke eigen gehörte, nebst Vieh und Kleinoden". Die Geschichte Gen. 15, 7—21, welche durchaus auf hebräischer Anschauung beruht, durfte ebenfalls übergangen werden. Die Vernichtung Sodoms und Gomorrhas, Isaaks Verheissung und Geburt, Ismaels Austreibung, endlich die Opferung Isaaks bilden den Schluss unseres Gedichtes. Es ist nicht zu bezweifeln, dass die Erzählung, wie wir sie jetzt haben, nicht zu Ende geführt ist; sonst hätte der Dichter wenigstens die unmittelbar auf die Opferung folgende Verheissung Gottes und die Rückkehr Abrahams nach Bersaba noch mitgenommen; so wie jetzt die Ueberlieferung ist, müssen wir darum das Gedicht für ein Bruchstück halten.

Haben wir nun, nachdem wir den Charakter der Dichtung geprüft haben, Grund, in ihr eine Compilation verschiedener älterer Dichtungen zu sehen? Offenbar nicht. Diejenigen, welche darin eine Compilation sehen wollten, haben dies der Engelgeschichten wegen gethan, von welchen sie annahmen, dass dieselben erst später mit der eigentlichen Paraphrase verflochten worden seien. Dies ist schon deshalb nicht möglich, weil die Geschichte von der Weltschöpfung und vom Sündenfall, die ja schon zur eigentlichen Paraphrase gehört, ganz selbständig mit den Engelgeschichten zusammen zu einer neuen Darstellung benutzt worden ist; und dann haben wir gesehen, dass sich auch an spätern Stellen den Engelchören analoge apokryphische Nachrichten finden, welche kein Grund ist, für interpoliert zu halten. Jedenfalls ist, wenn wir auch die Quelle selbst nicht mehr nachzuweisen vermögen, soviel gewiss, dass der Dichter nicht aus der Bibel unmittelbar, sondern aus mittelbaren Quellen geschöpft hat.

Dagegen könnten, ohne dass der Zusammenhang unterbrochen würde, die Verse 246 bis 336 als späteres Einschiebsel ausgeschieden werden, indem hier nichts anderes als eine Wiederholung von V. 12—77 vorliegt, nur dass jenes Stück ausführlicher und lyrischer gehalten ist; dies zeigen besonders die eingestreuten Langverse 252—262; 282—288; 299—308. Da aber die ganze Genesis sich auszeichnet durch Ungleichheit der Behandlung, so scheint uns nicht genug Grund vorhanden, das betreffende Stück einem andern Dichter zuzuschreiben, besonders da das folgende Stück V. 337 ff. sich sehr gut anschliesst und die Langverse keineswegs ausbleiben, sondern sich durch die ganze Paraphrase eingestreut vorfinden. Im Exodus sind sie nur V. 570—573 angewandt, im Daniel zwischen V. 204 und 270.

In der Genesis konnten wir, abgesehen von der Erzählung der gefallenen Engel, immer Schritt für Schritt der biblischen Geschichte folgen und mussten die Genesis darum als Paraphrase ansehen; ganz anders erscheint auf den ersten Blick Caedmons Exodus. Hier ist keine epische, vorwärts schreitende Erzählung der Thatsachen, welche im zweiten Buche Mose geschrieben stehen; an keiner Stelle bindet sich der Dichter an seine Quelle; es ist auch kein Bruchstück einer Paraphrase, welchem etwa Anfang und Ende fehlten; es findet sich ferner keine Spur von kabbalistischer und ähnlicher Gelehrsamkeit: sondern vielmehr ist uns in diesem kurzen Gedichte ein kleines, lyrisch gehaltenes Epos erhalten, das zwar seinen Stoff im Allgemeinen der Bibel entlehnt, ihn aber mit voller dichterischer Freiheit als ein Ganzes bearbeitet. Wenn wir dieses Epos auch ferner Exodus nennen, so dürfen wir also nicht eine Paraphrase des zweiten Buchs Mose darin finden wollen, sondern eine freie dichterische Bearbeitung des Auszugs der Kinder Israel aus Aegypten. Was dem Auszug vorherging und was ihm nachfolgte, kümmerte den Dichter nicht; er begnügte sich mit dieser kleinen Episode, als deren Mittelpunkt wir den Uebergang durch das rothe Meer und die Vernichtung des ägyptischen Heeres ansehen. Sobald die Conflikte Israels mit den Aegyptern zu Ende geführt sind, muss das Gedicht seiner Anlage gemäss abschliessen.

Sogleich das erste Wort zeigt deutlich, dass wir hier den Anfang eines epischen Gedichtes und keineswegs ein Bruchstück eines grössern Epos vor uns haben. Wie das Epos Beowulf beginnt mit: hvaet, ve Gârdena in geârdagum theódcyninga thrym gefrunon: die Legende von Andreas mit: hvaet! ve gefrunon: die Legende von Juliana mit: hvaet! ve thaet hýrdon oft: mit derselben epischen Formel, die den Beginn eines Gedichtes bezeichnet, beginnt unser Exodus: hvaet! ve feor and néah gefrigen habbadh ofer middangeard Moyses dômas. Damit ist ein Hymnus auf Moses eingeleitet, der den Weltvölkern einst wunderbares Wortrecht, allen Auserwählten oben in den Himmeln nach dem bösen Wege Busse ihres Lebens und langdauernden Rath der Lebenden jedem, den Helden sagte; den in der Wüste einst der Weltvölker Herr, der sicherwahre König, durch seine eigene Macht gewürdigt hat, und dem der Wunder viele der Ewige, Allwaltende in seine Eigenmacht gegeben. Er ist der Volksherzog der Juden, ein tapferer Degen, ein kluger und verständiger Held, ein solcher, wie ihn die Angelsachsen in ihren Sagen wohl zu verherrlichen pflegen. Nachdem dieser Mann im Voraus bezeichnet ist als derjenige, unter dessen Führung der Zug, welcher beschrieben werden soll, vor sich gehen wird, versetzt uns der Dichter sogleich mitten in den Auszug. Die Aegypter wehklagen noch über den Leichen der Erstgebornen: da war fortgeeilt das Heer und der Führer rüstig. Die Bibel bringt die Juden mit Bezeichnung von zwei Stationen an das rothe Meer, nämlich Exodus 12, 37: „Also zogen die Kinder Israel von Raemses gen Suchoth" und 13, 20: „Also zogen sie aus von Suchoth, und lagerten sich in Etham, vorn an der Wüste". Damit begnügt sich der kampfgewohnte und kampflustige angelsächsische Dichter nicht; er hat nur den allgemeinen Umriss seiner Erzählung der Bibel entlehnt: die handelnden Personen sind ihm streitbare Angelsachsen geworden und ziehen, wie es der Natur des Nordens gemäss im Beowulf oft geschieht, fort durch unbekannte Wege, moorhaltige Markhöfe, deren Lande mit einem Lufthelm, d. h. mit Nebel, bedeckt sind. Mit vieler Gefahr ziehen sie durch: da stellen sich ihnen schwarze Krieger schlachtgerüstet entgegen; ihre Burgen werden belagert.

Das Heer zieht weiter nach Süden. Gott schickt des Tages die Wolkensäule und des Nachts die Feuersäule. Die Wolkensäule ist aber dem Dichter durchaus nicht nur ein Wegweiser, in welchem der

Herr vor dem Heere hergeht, dass er sie den rechten Weg führe; damit hätte sich der Dichter der Genesis begnügt; unser Dichter weiss, dass die Juden nach Süden zogen in der Sonnenbürger Land, wo durch heisse Himmelskohlen die Leute gebräunt, die Burggehänge verbrannt sind; die Wolkensäule ist darum da, die heisse Luft abzuhalten. So ziehen die Völker ihre Fahrt, immer kampfgerüstet. Schimmernd schien das Heer, die Schilde glänzten. Noch zwei Lager werden geschlagen, von denen die Quelle nichts weiss, die deshalb auch nicht benannt sind, bis sie an's rothe Meer gelangen. Da ereilte sie auf ihrem Zuge Ueberfallskunde: sie hörten vom Herannahen der Aegypter, welche Blutrache nehmen wollten für den Tod der Erstgeburten. Der Muth der Männer ward verzweifelnd, seitdem sie sahen von Süden her das Heer Pharaos vorwärts heran nahen, die Schilde schwingen, die Schaaren glänzen, die Fahnen flattern. Ganz ausgezeichnet lebendig und anschaulich ist nun die Schilderung, wie das Heer der Aegypter, der König voran, kampfschnaubend naht: die Wölfe sangen ihr übel Abendlied, in Aases Hoffnung; heiser sang der Rabe, der schwarze Walstattkieser. Die Reihen stellten sich, jedes Geschlecht für sich. Sie rückten immer weiter gegen einander, bis ein machtreicher Engel die Kampfstolzen scheuchte, so dass die feindlichen Heere nicht mehr fürder konnten.

Unterdessen sassen die Juden in blanker Rüstung längs den Bergen in Wehgeschickes Erwartung. Da liess durch eherne Posaunen Moses sie versammeln, theilte sie in zwölf Fussvolkschaaren, aus jeder einzelnen fünfzig Rotten edeln Geschlechts, zehnhundert hochruhmreiche. (Der Text der Bibel giebt keine Zahlenangaben). Alle rüsteten sich, selbst die Greise ihrer Kraft gemäss. Da sprang vor die Helden Moses, hob den Schild empor und sprach über die Heerschaaren: „Seid darum nicht furchtsamer, ob Pharao gleich brächte eine Unzahl Helden; ihnen wird durch meine Hand der Herr Thatenlohn geben; ihr aber sollt den Kleinmuth aufgeben und Gott verherrlichen. Ja! ihr schaut mit euren Augen hier ein unerwartet Wunder, wie mit grüner Ruthe ich schlug hier selbst der Schaumfluth Tiefe: es sind die Wege trocken". So zogen sie einen Tag lang durch; Juda's Rotte ging voran, mit ihrem blinkenden Zeichen, dem goldenen Leu: sie waren die kampfberühmtesten; dann folgten die Flossmänner, Rubens Söhne, darauf Simeon und so einer nach dem andern. (Auch diese Aufzählung ist durchaus Werk der Phantasie des Angelsachsen.) Jeder kannte der Maagschaften Recht: denn sie hatten einen Vater, welcher Kniemaagschaft kühner Männer zeugte, die Volkschaft Israel.

So leitet der Dichter hinüber zu einer längern Episode, gleichsam um den Zuhörern Zeit zu lassen, bis das ganze Heer das Meer durchschritten hat. In dieser Episode werden die Vorfahren der Israeliten verherrlicht, so wie etwa bei den alten Angelsachsen es Sitte sein mochte, dass bei besonders gefahrvollen und merkwürdigen Abenteuern das Volk sich der Thaten der Väter erinnerte und sie in Liedern feierte. Zuerst wird hier Noah als Erretter des Menschengeschlechts gepriesen, dann Abraham, dem Gott sogar selbst einen neuen Namen schuf, der auch die grösste Glaubensprüfung bestand, das Opfer seines eigenen Sohnes Isaak. Er führte ihn einst auf den Sionsberg, da wo später David den Tempel baute, und hätte den Sohn geopfert, wenn nicht Gott 'der Herr den Widder geschickt hätte. Hier bricht die Episode ab; Spuren von Verstümmelung der Handschrift und zwei unbeschriebene Seiten machen es wahrscheinlich, dass sie bis auf Mose fortgeführt war. Der Text bringt uns sogleich zu dem Augenblick, wo die Wasser über den Aegyptern zu weichen beginnen: ein fürchterlicher Schrecken überfällt die Krieger, als sie sehen, wie die Fluth über sie hereinbricht; lautes Geheul steigt gen Himmel empor; die Todgeweihten sinken; keiner entweicht, den Hinfall der Männer den Heldenfrauen zu melden. Darauf sagte Moses den Israeliten ewigliche Rathschläge, gar tiefe Botschaft*): das Tagwerk lehren sie. So finden in den Büchern alle Gebote die Weltvölker noch, die ihnen der Waltende mit wahrhaften Worten auf der Wegreise gab. Wenn der Ausleger des Lebens aufschliessen will in der Brust, der strahlende Hüter des Beinhauses, der grossfeste Gott mit Gei-

---

*) Diese Botschaft ist im Einzelnen sehr unklar; doch ist im Allgemeinen erkenntlich, was der Dichter sagen wollte.

stes Schlüsseln, dann ist enthüllet das Geheimnis und hoher Rath erfolgt. Er hat weisliche Worte in Bereitschaft: mächtig will er den Gemüthern zeigen, dass wir nicht ganz verlustig sind der Gottes-Gemeinschaft, der Milde unsers Schöpfers. Noch mehr verleiht er uns, dieweil uns besseres die Bücherkenner lehren, langdauernde Freude; leicht flieht dieser Jubel, entstellt durch böse Werke, den Verbannten erlaubt, der Anhalt der Elenden: die Heimathlosen haben jammernd inne diese Gastbehausung, in ihrem Herzen trauernd; sie wissen ein Haus des Verderbens fest unter der Erde, wo Feuer Wurm ist und offen aller Uebel ewigliche Höhle. Wie auch gegenwärtig die gewaltigen Diebe Alter und Ehertod finden, so kommt einst doch hinterher der Machtglorien meiste über diesen Mittelkreis, der Tag in Thaten feind, und es ertheilt der Herr selbst Manchem dann sein Urtheil an der Maalstätte. Führen wird er dann der Frommen Seelen, die auserwählten Geister zu dem Ueberhimmel. Da ist Licht und Leben, wie auch lauter Gnade, wo die Heerschaaren in hohem Jubel den Herrn preisen, den glorreichen Weltvölkerkönig durch weite Zeiten! So sprach Moses: dann lobte er Gott, der sie errettet hatte, und ermahnte, seine heilige Lehre zu halten. Und die Völker fielen ein und priesen den theuern Herrn, die Weiber und die Männer im Wechselgesange. Da sah man manche Afrische Maid, geschmückt mit Gold am Schaumfluthgestade: sie erhoben die Hände zur Danksagung, hüteten des Heerraubs. Sie fischten mit den Netzen der Fluthen Nachlass an dem Ufersand, die alten Kleinode. Mit Recht fiel ihnen zu Gold und Gewebe, Josephs Schätze, der theure Heldenbesitz. An der Todesstätte lagen die Verfolger, der Volksschaaren grösste.

Auf diese Weise ist der Lobgesang Mosis (Ex. 15, 1—19.) kaum angedeutet, die Erzählung von der zuletzt erhaltenen Beute aber dem angelsächsischen Dichter ganz allein angehörend. Ebenso ist die dunkle Rede Mosis an das Volk nur das Werk der Phantasie des Dichters. Wir sahen also, dass weder der Text der Bibel irgendwie im Einzelnen berücksichtigt noch Scheu getragen worden ist, Neues, was zur Ausschmückung der Erzählung dienlich schien, hinzuzufügen. Was aber Neues hinzugekommen ist, ist keineswegs dem Schatz anderer christlicher Ueberlieferung, sondern lediglich dem volksthümlichen Kriegerleben entnommen. Die Einheit des Stückes ist bewundernswerth, hoch erhaben über der Genesis sowohl als über dem Daniel. Bemerken wir noch besonders V. 3444—3476, wo erzählt wurde, wie Moses den Juden von der Strafe des Verbrechens und dem Jubel der Gerechten am jüngsten Tage spricht, unmittelbar vor dem Schluss des Gedichts, der Erzählung von den Lobgesängen des Volkes: so möchte uns scheinen, unser kleines Epos sei eine Art poetischer Predigt. Zuerst kommt als Eingang ein Hymnus auf Moses; dann folgt die Ausführung des Textes, bestehend in der Erzählung vom Auszug Israels nebst der eingeschalteten Episode; endlich die an den Untergang der Heiden geknüpfte Lehre, welche sehr geschickt deshalb nicht ganz an das Ende gestellt ist, weil die Erzählung, wie alles Volk den Herrn preist, sich als besonders passender und poetischer Schluss des Ganzen empfahl. Aus der Anlage des Stückes ergiebt sich nun von selbst, dass das epische Wechselgespräch, welches in der Genesis so häufig ist, hier, wo Beschreibung und Reflexion vorwalten, gar nicht vorkommt. Darum auch kein einziges „andsvarode", ein Wort, das man sonst in allen epischen Gedichten auf jeder Seite anzutreffen pflegt.

Es bleibt uns noch die poetische Würdigung des dritten Theils unserer Sammlung übrig, des Caedmon'schen Daniel. Haben wir hier wie in der Genesis Paraphrase oder wie im Exodus ganz selbständige Dichtung vor Augen? Wenn wir das Gedicht analysiren, so treffen wir zuerst auf eine Einleitung, die vom Dichter allein herrührt. Mit der gewöhnlichen Einleitungsformel gefraegn ic beginnt eine kurze Uebersicht über die Entwicklung der israelitischen Geschichte bis zur Zeit des Propheten Daniel. Die Israeliten lebten glückselig in Jerusalem, hatten ein Königthum, wie ihnen alt hergebracht war, seitdem Moses sie aus Aegypten geführt hatte. Sie waren ein muthiges und reiches Volk, so lange sie den Bund Gottes hielten, also dass sie oft fremde Völker besiegten: bis beim Weingelage der Uebermuth über sie hereinbrach. Sie kehrten sich ab von der Kunde des Gesetzes, so doch ein Mann nie seines Geistes

Liebe von Gott scheiden sollte. Zur Bekehrung sandte oft ihnen der Herr heilige Geister — darunter sind natürlich die Propheten verstanden —, die dem Wehrvolke Weisheit boten. Doch sie glaubten nur eine kleine Weile, bis sie wieder abfielen. Da ward ihnen der Herr des Reiches hart erzürnet, dass er ausländischen Helden den Pfad zur hohen Burg Salem zeigte. Babylons Gebieter, Nabochodonossor, erweckte den Todkampf, sammelte alle seine Völker und verödete die Goldburg der Männer. Die Krieger beraubten den Salomonstempel seines Goldes und Silbers, beluden sich mit der Heeresbeute und giengen wieder mit den Gütern heim, leiteten auch zugleich in weite Ferne der Israeliten Edelvolk nach Babylon. Er, der König Nabochodonossor, entsandte dann seine Mannen, dass sie dort das öde Erbe nach dem Ebräervolke beherrschten. Suchen hiess er seine Diener in der Israeliten armen Reihen, wer von den Knaben am klügsten wäre im Gebot der Bücher. Dazu fanden sich fromme Jünglinge, Ananias, Azarias und Misahel. Sie sollten dem Uebermüthigen Weisheit mit Worten verkünden. Da befahl er seinen Mannen, dass die drei Männer an Gewand und Speise keinen Mangel hätten.

Bleiben wir vorerst dabei stehen und vergleichen wir mit dieser Einleitung Daniel Cap. 1, so ist augenscheinlich, dass wir hier zwar Paraphrase vor uns haben, aber sehr frei behandelte, von der Genesis durchaus verschiedene. Dort in der Genesis war der Dichter insofern von seiner Quelle abgewichen, als er lange Geschlechtsregister, die gar nicht in den Vers zu bringen waren, und Stellen, die ohne Commentar dem Laien unverständlich bleiben mussten, wegliess; sonst aber gab er alles, was die Quelle bot, sogar ohne Ausnahme die höchst unpoetischen Altersbestimmungen. Vgl. Gen. 1120. 1240. 1600. 1740. 1778. 2298. 2503. 2772. Dagegen geht hier im Daniel der Dichter ganz frei zu Werke; zwar hält er sich an den Text der Bibel; aber er giebt nur, was ihm besonders nothwendig erscheint, um den Gang der Entwicklung nirgends zu unterbrechen. Alles, was seinen Lesern oder Zuhörern mehr oder minder gleichgiltig bleiben musste, wie Zahlenangaben, Namen untergeordneter Personen, Namen wenig bekannter Länder, lässt er weg; und mit Recht: denn diese Paraphasen wurden gedichtet, um dem neubekehrten Volke die Bibel auf eine ihm angenehmere und anziehendere Weise vorzulegen; es waren biblische Erzählungen, wie wir sie in unsern Schulen zu benutzen pflegen; was sollte darum das Volk noch mit allen Kleinigkeiten bekannt gemacht werden, deren Aufnahme in die Paraphrasen ihrem poetischen Werthe nur schaden konnte? Um also an diesem ersten Capitel ein Beispiel zu geben, so ist hier weggelassen die Angabe, wann Nebukadnezar Jerusalem erobert habe; die Nennung des Landes Sinear; der Name des Kämmerers Aspenas, für welchen allgemein die Mannen des Königs gesetzt sind; die Angabe, dass die Jünglinge chaldäische Schrift und Sprache kennen sollten wofür den Angelsachsen verständlicher überhaupt Weisheit gesetzt ist; die Geschichte vom Aufseher Melzar, wie er den Knaben auf die Bitte Daniels hin nur Zugemüse giebt; die erste Audienz beim König; die Angabe, wie lange Daniel lebte. Auffällig ist ferner, wie wenig Freund des Zwiegesprächs und überhaupt der direkten Rede dieser Dichter ist, ebenfalls im Gegensatz zum Dichter der Genesis, welcher seine Gespräche immer so weit wie möglich ausdehnt. Der Dichter des Daniel hält sich nirgends lange auf, sondern strebt beharrlich der Vollendung der Handlung entgegen; darum ist er auch immer kurz und knapp im Ausdruck. Der Dichter der Genesis ist mehr Dramatiker, der Dichter des Daniel mehr Epiker.

Mit Cap. 2, 1. geht die Erzählung weiter, indem wir vom ersten Traum Nebukadnezars Nachricht erhalten; die Traumdeuter sollen den Traum, den der König selbst vergessen hat, melden, wissen ihn aber nicht. Der König, über diese Unwissenheit erzürnt, droht mit dem Tode, wenn sie seinem Befehle nicht Gehorsam leisteten. Da kam Daniel, ein heiliger Prophet, in den Saal gegangen; ein Engel Gottes hatte ihm den Traum verkündet, so dass er ihn dem König zu enthüllen vermochte. Da hatte Daniel grosses Ansehn in der Burg. — In dieser kurzen Art ist die Geschichte erzählt, die der biblische Text mit grosser Ausführlichkeit giebt; wozu sollten die Angelsachsen den Traum selbst kennen lernen, dessen Deutung bis auf den heutigen Tag von den Theologen nicht gänzlich gefunden ist? Es war dem

Dichter durchaus nur darum zu thun, eine schlichte Erzählung zu geben von den wunderbaren Geschicken Daniels und seiner israelitischen Gefährten in Babylon; was abseits lag und zur Entwicklung nichts beizutragen schien, wurde entweder ganz weggelassen oder verkürzt. Auf alles Einzelne uns nun einzulassen, wäre gänzlich überflüssig, nachdem wir schon aus diesen ersten Capiteln das Princip des Paraphrasten deutlich erkannt haben. Diesem Principe gemäss ist die Erzählung vom glühenden Ofen in Cap. 3 ausführlicher als das Vorhergehende behandelt; denn hier erweist sich ganz besonders die göttliche Standhaftigkeit und das Gottesvertrauen der Freunde Daniels; dennoch bindet sich auch hier die Paraphrase nicht knechtisch an den Text, sondern verfährt ganz selbständig, so dass z. b. die veränderten Namen der drei Jünglinge nirgends genannt sind. Das apokryphische Stück nach Dan. 3, 23, das Gebet Asariä, ist in die ihm zukommende Stelle eingeschoben; ebenso das Gebet der drei Männer im feurigen Ofen, von dem wir schon oben zu bemerken Gelegenheit hatten, dass es uns auch im Codex Exoniensis in einer etwas veränderten Recension erhalten sei. Die Briefform des vierten Capitels ist von unserm Dichter in die epische Form verwandelt; er erzählt den zweiten Traum Nebukadnezars, der von Daniel selbst klar genug gedeutet war, und deshalb nicht wie der erste Traum übergangen werden durfte, weil ohne ihn die Ausstossung des Königs nicht verstanden werden konnte. Die Geschichte von Belsazars Mahl und

Untergang, Dan. 5, wobei die seltsame Schrift an der Wand des Pallastes verständlich genug vom deutschen Dichter in Runen verwandelt wird, ist das letzte, was unser Gedicht enthält. Mitten in der Rede, in welcher Daniel die Runen erklären soll, bricht der Text ab; der Schluss ist also wie bei der Genesis verloren gegangen.

Durch eine eingehende Analyse der drei Stücke, aus welchen Caedmons erster Theil besteht, haben wir erkannt, dass jedes derselben einen durchaus verschiedenen poetischen Charakter trägt. Am meisten dichterische Begabung zeigt der Dichter des Exodus; Genesis und Daniel möchten sich ziemlich gleich stehen. Hätten wir nun in diesen Gedichten Werke eines einzigen Dichters erhalten, so müssten sie — wenigstens im Allgemeinen dürfen wir das behaupten — auch in der poetischen Bearbeitung den Stempel der Einheit tragen. Da dies nicht der Fall ist, sondern jedes Stück sich von dem andern durch sehr auffallende Eigenthümlichkeiten unterscheidet, deren Ursache in den Quellen nicht zu finden ist, so müssen wir nothwendig auf verschiedene Dichter schliessen.

Aber, könnte man einwenden, der Dichter hat, wie es öfters der Fall zu sein pflegt, verschieden gearbeitet; das eine Werk ist ihm besser als das andere gelungen; die Zeit der Abfassung liegt vielleicht weit auseinander, oder die Gedichte sind für verschiedene Zwecke gedichtet worden. — Diese Einwände fallen aber weg, sobald wir die übrigen Criterien, aus denen sich auf die Identität oder Nichtidentität der Verfasser schliessen lässt, möglichst vollständig vorgelegt haben; deshalb lassen wir hier die sprachlichen, mehr äussern Gründe folgen, von denen unsere Behauptung unterstützt wird. Denn wenn wir nicht auch zureichende Verschiedenheit in grammatischer und lexikalischer Beziehung nachzuweisen vermögen, so bleibt unsere Behauptung Hypothese; können wir aber solche aufstellen, so wird, wenn anders die Verschiedenheiten treffend genug sind, unsere Behauptung erwiesen sein. Was nun die Grammatik betrifft, so konnten wir nur auf verschiedene Formen der Wörter aufmerksam machen, da der Satzbau in der alliterierenden Poesie so einfach ist, dass Unterschiede hierin sich wohl kaum auffinden lassen möchten. Auch die Verschiedenheit in der Form der Wörter bietet keineswegs immer unumstössliche Criterien, weil die Vokalverhältnisse der angelsächsischen Sprache noch sehr unsicher sind, so dass in demselben Gedicht, ja unmittelbar neben einander verschiedene Formen eines und desselben Wortes angetroffen werden. Man beachte z. B. die Formen maeneg, maenig, maneg, manig, moneg, monig, die beliebig wechseln; ebenso baernan, birnan, beornan, byrnan; ferner lifian, lifgan, lifgean, leofian, lyfian neben libban, lybban; hycgan, hicgan, hogian; dennoch darf diese Wahrnehmung uns nicht abhalten, Verschiedenheiten solcher Formen als Criterien für die Autorschaft aufzustellen, wenn man nur dabei stets auf der Hut ist, dass man unwesentliches nicht für zu bedeutend hält; am meisten sind daher Erscheinungen zu beachten, für welche verschiedene analoge Beispiele aufgeführt werden können. In unserm Falle dürfen wir auch besonders nie aus den Augen verlieren, dass Exodus und Daniel einen viel geringern Umfang als die Genesis haben (Gen. 2935 Verse; Ex. 589 V.; Dan. 765 V.), so dass die Formen der Genesis mit viel grösserer Bestimmtheit als die der beiden andern Dichtungen ausgeschieden werden konnten.

Wir beginnen damit, dass wir vocalische Abweichungen von Formen der Genesis gegenüber den Formen der beiden andern Stücke aufzeichnen.

ae für e: aeng, angustus. 355. — âeđan, edere, 1275. — mâene, pravus. 52.

a für o: anginnan, incipere. 440. — âviht, aliquid. 290. 1899.

o für a: gesomnian, congregare. 46. — hond, manus. 50. 1090. 1672. — longe, longe 307. — longsum, tardus 1751. — noma, nomen 1047. 1102. 1707. — nom, cepit 646. — ond, et. 621. 1135. 1190 1350. — mon, vir 394. 946 und öfter. — monlica, imago. 2560. — mondreám, mundi voluptas. 4088. — gongan, ire. 1046. An dieser Eigenthümlichkeit nimmt auch Christ und Satan Theil.

i für y: bilvit, simplex. 843. — cime, adventus 615. — heáhcining, rex summus 50. 124. — drîg, aridus 164. — firendâed, scelus. 2574. — gild, retributio. 2836.

Daneben gield für das gewöhnliche gyld. 101. 947. 1105. 1496.

ea für é: eac, etiam. 751. und oft; Exod. und Gen. haben ôc. — eádfynde, facile inventu. 1988.

ea für a: vealdend, gubernator. 260. — cear, anxius. 2788 zu carleás, securus. 3095.

ea für e: hearra, dominus. 288. 357 und oft für herra; daneben hierra. 629.

u für i: vuht, creatura, die spätere Form für viht. 527. 531. 1292. Daneben âvuht. 493.

y für eo: vyrcan, laborare. 250. 275. 620. — gehvyrfan, convertere. 317.

y für i: brym, mare. 2186. — hyre, ejus. 1463. — nys = nis, non est. 809.

e für y: geldan, rependere. 2073. 2413. — heathovelm, belli impetus. 323.

ie für y: hieran, audire. 794. — gielp, arrogantia. 25. — gield für gyld, s. oben *i für y*.

e für a: mergen, tempus matutinum. 155. — genge, ibam. 831. — gengdon, ibant. 764. —

Mehr vereinzelte Vokalveränderungen, die dennoch nicht übergangen werden durften, finden sich folgende:

flêd für flôd, flumen. 232. — fyorh für feorh, vita. 1179. — gevurthan für geveorthan, fieri. 386. 1685. — gien für gên, adhuc. 411. 622. 2189. 2735; ebenso giena 2804; dieselbe Vokalveränderung in hierra für herra s. oben *ea für e*. — iecan: 1118. 2370 und îcan. 1161. 1185 für eácan, augere. — ievian, ostendere für eóvian. 669. 771. 1536. 1779. — nêsan für neósan, visitare. 1336. — ongaet als Nebenform von ongeát, intellexit, von ongitan; Exod. und Dan. schreiben diese Nebenform ongêt. 3977. 4005. plur. ongêton. 3019. 3381. 3460. — vâron für vâeron, fuerunt. 2043. — bearn, filius, in der Gen. häufiger als die Form beorn, welche dagegen im Exod. und Dan. die gewöhnliche ist.

Verschiedenheiten in Bezug auf Consonanten sind weniger häufig; doch mögen die wenigen, die wir uns aufgezeichnet haben, bemerkt werden. Verschieden gebildete Compositionen sind mit inbegriffen: emne für efne, plane. 1937. — friegan. 1828. 2881 und frinan. 492 für frignan, sciscitari. — Die zusammengezogene Form gân für gangan. 836. 2228. — ligan für liegan, jacere. 731. 2182. — Ebenso maeg, homo, gewöhnlich für maecg, welches in den andern Stücken allein erscheint. — geare und gearo, jenes 41. 580, dieses 433. 1316. paratus, Formen, für welche Exod. und Dan. noch die volleren Formen gearu 3268. 3646 und gearve 2988. 3122 setzen. — folcgetrum, comitatus, 1982 für folcegetrum in Exod, 3263. — ligenvord, mendacium. 697. zu ligevord bei Dan. 4237. Endlich bilvit, mitis. 853 statt der volleren Form bylyvit in Dan. 3881. —

Weit weniger Abweichungen bieten, dem geringern Umfange gemäss, Exodus und Daniel; ausser den schon angemerkten Eigenthümlichen finden sich noch folgende, zuerst im Exodus:

Zweifelhaft ist, ob wir auf die Form cafera, proles mascula. 3341, für die wir sonst eafora antreffen, irgend Gewicht legen dürfen, da auch andere Nebenformen afera, Gen. 2048 und Dan. 4189, und afora, Gen. 964 gelesen werden. Auffallender ist ald, vetus, 3423 für eald. — birnan, ardere. 3044 für byrnan. — cist für cyst, cohors. 3158. 3159. — hild für hyld, fides. 3497. — gyfan für gifan, dare. 3192. — lyst für lust, voluptas 3460. — geóguđ für geógođ, juventus, 3164. —· gesaelde, 3. sing. perf. von gesellan, dare für das regelmässige gesealde 3245. — heahst, altissimus. 3323 statt hêhst, was die regelmässige Form ist. — maneg, multus, 3417. 3471. — raest, quies für rest, 3063; ebenso staefn 3391 für stefn, vox. — sâl, gaudium, 3035. 3493 für sâel, wenn nicht in der Formel: vaes on sâlum, die Form mit a statt ae überhaupt die gewöhnliche und einzige war. — hyra statt heora, eorum. 3060. 3064. — eóred, agmen 3086, für veóred. — hvael, caedes, 3105 statt vael. — svor, gravis 3168 für sâr. — ferđ für ferhđ, vita. 2980. — ufon für ufan, supra. 3484. — andrâedan für ondrâedan, timere. 3195; Grein freilich restituirt stillschweigend das ondrâedan, nicht bedenkend, dass o öfter mit a wechselt; vgl. and und ond, et. — ongên für ongeán, contra. 3383. — horevîsa, exercitus dux, 3252, wofür Gen. 85 und Dan. 4146 herevôsa schreiben. — bême, tuba. 3145 neben bŷme, welche Form allein im Dan. öfter vorkommt.

Daniel hat folgende ihm eigenthümliche Formen: cvelm für cvealm, nex. 4185. — gâest, spiritus. 4050 für gâst. — gêng für geóng, juvenis. 3620. — thêh für theáh, quamvis. 4032. — bléd für bláed, fructus. 4025. 4035. — gyfn für gifn, gratia. 3938. 4256. — nythor, 4010 für die gewöhnliche, abgeschwächte Form nither, deorsum. — hyrra, 4008; ŀy ran 4232, Comparativ von heáh, altus, dessen Comparativ Gen. und Exod. heáhran, heárran bilden. — hvyrfan, verti. 3628 für hveorfan. — ẏcan, augere statt eácan, wozu, wie wir oben sahen, die Gen. die Nebenformen iecan und îcan hatte. — clam für clom, vinculum. 4037. — fea für feo, feoh, pecus. 3584. — Auffallend sind die Zusammensetzungen heárîce, summum imperium. 4188. und ebenso heáseld, palatium. 4239, weil Gen. und Exod. in Zusammensetzungen immer heáh schreiben, z. B. heáhburg, heáhcyning, heáhsetl. — îsen für îren, ferrum. 3762. — oferbyd, superbia. 4021. 4132. 4196 für oferhygd. — vorld. 3943 für voruld, mundus. — uppe für up, sursum. 3713. — brytnian für bryttian oder bryttigean, dispensare. 4208.

Schon die Zusammenstellung dieser den einzelnen Gedichten eigenthümlich angehörigen Formen lässt unseres Erachtens keinen Zweifel mehr übrig, dass wir drei verschiedene Verfasser anerkennen müssen. Mögen wir auch diese oder jene Verschiedenheit aus dem allgemeinen Schwanken der Formen erklären, welches der angelsächsischen Sprache eigen ist, so sind doch der Abweichungen zu viele und darunter zu bedeutende, als dass sie nur zufällig sich so auf die einzelnen Gedichte hätten vertheilen können. Ob sich aber aus dieser Zusammenstellung eine Schlussfolgerung für die verhältnissmässig frühere oder spätere Abfassung eines der drei Gedichte ziehen lässt, muss zweifelhaft bleiben, weil immer noch dialektische Eigenthümlichkeiten oder andere Umstände, von denen wir nichts wissen, zu dieser ungleichen Schreibweise mitgewirkt haben können. Wagen wir den Versuch dennoch, eine Muthmassung in dieser Hinsicht auszusprechen, so scheint uns die Genesis den Stempel der jüngern Abfassung vor den beiden andern Gedichten zu tragen. Zu diesem Urtheile bewegen uns besonders die abgeschwächten Formen, die in Exodus und Daniel noch voller erhalten sind, wie vuht — viht; emne — efne; gân — gangan; ligan — licgan; maeg — maecg; geare — gearu, gearve; bilvit — bylyvit; sâr — svor. Ob unsere Wahrnehmung, dass in der Genesis, wie es scheint, öfter gebrochene Vokale vorkommen, wo Exodus und Daniel einfache setzen, ebenfalls als Criterium für jüngeres Alter anzusehen ist, vermögen wir nicht zu entscheiden.

Dagegen liegt uns ob, zuletzt auf *lexikalischem* Wege unsere Behauptung von der Nichtidentität der Verfasser zu unterstützen. Zwar auch hier können wir der Natur der Sache nach leicht irre gehn; denn wenn wir auch alle Wörter, welche nur in einer der drei Dichtungen zu finden sind, aufgesucht und zusammengestellt hätten: wer bürgt uns dafür, dass der Dichter diese Worte gar nicht gekannt, oder sie wenigstens, da dies von den wenigsten anzunehmen wäre, in der poetischen Redeweise nicht hätte brauchen wollen? Hätten wir wie bei den mhd. Dichtern den Reim, so müsste die Untersuchung ein ganz schlagendes Resultat geben; so müssen wir beständig zweifeln an der Wahrheit der Untersuchung. Doch darf uns dieser Zweifel nicht abhalten, trotz aller Unsicherheit den Versuch zu wagen, aus dem Gebrauch der Wörter auf die Verfasser zu schliessen. Als durchaus untauglich für die Erreichung eines Endresultats müssen alle diejenigen Wörter betrachtet werden, die entweder nur sehr sparsam gebraucht oder zufolge des behandelten Stoffes in einer oder der andern der betreffenden Dichtungen gar nicht gebraucht werden konnten; also z. B. alle hapax legomena; von der zweiten Art ist der Dual des Pronomens personale, welcher in der Genesis oft, in Exodus und Daniel nie vorkömmt, weil hier nie von einem Paar die Rede ist. Kriegsausdrücke fehlen ganz im Daniel. Wir stellen also hier nur eine Reihe solcher Wörter auf, deren Begriffe wenigstens in zweien der Gedichte vorkommen; die Genesis, als das längste, musste natürlich auch hier den grössten Theil der Wörter liefern. Es ist zu bedauern, dass Bouterwek in seinem Glossar nicht noch einen Schritt weiter gegangen ist und statt nur eine grosse Anzahl Belegstellen zu geben, jede Stelle, wo ein Wort vorkommt, verzeichnet hat. Unsere Aufgabe war darum in diesem Punkte sehr schwierig, so dass, wenn wir auch mit der grössten Aufmerksamkeit zu Werke gegangen sind, wir dennoch möglicherweise eine Stelle übersehen haben können. —

Wir beginnen wieder mit der Genesis, indem wir die Worte alphabetisch aufführen:

aedre, mox, statim. 869. 1002. 2131 2179. 2288. 2898. —

aetsomne, simul. 162. 835. 844. 1719.

aedeling, nobilis, sehr oft; die andern Gedichte setzen dafür cûđ, cynegođ, heathorinc, thegen.

đhreddan, eripere. 2027. 2079. 2107. 2121. 2138. Daniel setzt hreddan 4187.

bedreósan, fraudare. 525. 820. 1993. 2076. 2093.

be, praep. juxta. 457. 527. 595.

boda, nuntius. 487. 530 und oft, von welchem Wort in Exod. und Dan. nur die Zusammensetzungen nýdboda 3403; sîdboda 3179; spelboda 3442. 3748. 3982. 4050. 4060 vorkommen; das letztere Wort erscheint, spellboda geschrieben, einmal in der Gen. 2488.

botl, aedes. 1793 mit seinen Compositis botlgestreón, botlvela, beides patrimonium.

brôga, terror. 1390. 2546. vitebrôga. 45, wofür Exod. und Dan. neben grýre: vorn, 3461, 3542, 3815 und vôma, 3029, 3131, 3628, 3636, 4056 setzen, von welchen Wörtern grýre und vorn in der Gen. je einmal, vôma gar nie gebraucht ist.

brúcan, uti, in der Gen. sehr oft.

bysen, preceptum. 530. 568. 647. 678, wofür Dan. bebod setzt.

ceáp, pecus, pretium.

côfa, cubile, conclave mit seinen Compositis breostcôva 751, pectus und ferhđcôfa 2597 in derselben Bedeutung.

cuma, advena, wogegen Dan. 4180 vaergenga schreibt.

cvedan, dicere, oft in der Gen. und Dan.; Exod. braucht nur secgan; ebenso sind cûdan, audsvarian im Exod. vermieden.

dael, pars, auch für aliquid gebraucht: 1448, 1494, 1608. 2144. 2544.

dogor, dies, die vollere Form für daeg.

dôn, gedôn in Gen. und Dan.; im Exodus ist dieses sonst so häufig gebrauchte Wort wie im Gothischen vermieden.

faele, vendibilis, proprius. 2295. 2491. 2719. 2813, kommt im Beowulf nie, sehr oft in den Psalmen vor; ein sehr junges Wort. Vgl. Grimm in den Erläuterungen zu Andreas und Elene S. 143.

faér, vehiculum, iter faru kennen Exod. und Dan; volcenfaru 3897.

fedsceaft, miser, pauper. Exod. setzt dafür gern atol, welches Wort die Gen. wiederum nicht kennt.

fremu, commodum. 435. 960. 1837. 2683. 2813. Exod. und Dan. brauchen dafür dugod, raed.

freó, liber. 1250. 1616. 2082. 2747; häufiger noch freólêc, adv. freólîce.

fultum, auxilium. 173. 971. 1959. 2020. 2066. 2787. Dan. 3751 steht geóc dafür, 3754. 3870; auch help.

furthum, porro. 872. 1126. 1253. 2372. 2533. Wir stellen unter diesem Worte einige andere Adverbien der Zeit und des Raumes zusammen, die, mehr der Ausschmückung der Rede dienend, in dem gedrängten Stile des Exod. und Dan. nicht vorkommen:

elles, alioquin. 20. 680. 1899. — *ellor*, alias. 770. 1862. 1890. 2727. — *giet*, adhuc, modo. 615. 1240. 2627, und dazu die längere Form *gieta*, 990, 2460. — *heonan*, hinc. 473. 662. 828. 1198. 2273. — *hér*, hic. 675. 732. 748. 752. 808. 864. 932. 1134. 1141. — *hider*, huc. 494. 506. 552. — *hvder*, ubi. 663. 936. 1000 und das allgemeinere *aéghoder*, ubique. 2699. — *hvaethere*, nihilo minus, tamen. 214. 949. 952. 1853. — dazu *nó hvaedre*. 949. 1720. — *sóna*, mox. 859. 1583. 2437. 2558. 2853. — *thanon*, inde. 490. 1057. 1961. — *thonne*, tunc. 258. 616. 1099. — Das Pronomen *hvilc, hvelc*, qualis. 552. 567. 614. 1041. 2009. Ganz ähnlich ist das Verhältnis in Bezug auf den Gebrauch der pronomina possessiva, indem z. B. *eóver*, vester; *uncer*, noster nur in der Gen. vorkommen, ein deutlicher Beweis für die knappe Rede der kleinern Stücke.

gehát. promissum. 703. 1420. 1790. 2388. — Dan. 3844 braucht mit der gleichen Bedeutung *frumspraec*; das Verbum *gcháˆtan* Gen. 649. 711. 1418. 2133. 2195. 2384. 2796, das in Exod. und Dan. nur in der Form *hátan* erscheint, z. B. Exod. 2992. 3106. 3183. Dan. 3597. 3742. 4031 und öfter.

gesceap, forma, mandatum, fatum. 50. 839. 1567. 2463. 2821.

grípan, tangere, arripere. 888. 933. 1376. 2057. 2066. 2539.

haele, vir. 1217. 1497. 1734. 2440. 2583.

heáfod, caput, princeps. 237. 442. 739. 909. mit den Compositis: heáfodmaeg, propinquus principalis;

heáfodsien, oculi; heáfodsvîma, vertigo; heáfodvîsa imperator.

hete, odium. 644. 754. 816. 2267. Dan. hat anda, hrêđ 4137, nîđ.

hîva, familiaris. 755. 786. 955. 1340. 1856. 2616. 2774. —

hôf, habitatio. 44. 1375. 1484. 1563. 2450. 2864.

hringc, orbis. 376. 769. 1388. 2848. Exod. 3139 hat dafür hvyrft, ebenso Dan. 3840; ymbhvyrft kommt nur Exod. 2955 und 3358 vor.

hyge, animus, wird zwar, wenn auch selten, im Dan. gefunden; merkwürdig ist aber jedenfalls, dass alle die vielen Compositionen, welche dieses Wort eingegangen ist, nur in der Gen. erscheinen; es sind folgende: hygeleás, amens; hygeleást, temoritas; hygerôf, illustris; hygesceaft, mens; hygesorh, cura; hygeteóno, impietas; hygevaelm, iracundia.

hyldo, favor, findet man in der Gen. sehr oft, nie in den andern Gedichten; dagegen erscheint Dan. 3957. 3998. ein Neutrum hyld = gehyld; Exod. 3311.

lác, munus. 972. 1467. 1492. 1786. 2097. 2837. 2927.

laéran, docere. 514. 607. 1817. 2298.

lecgan, ponere. 685. 1023. 2330. 2394. 2530. 2844.

list, ars, dolus. 177. 239. 585. 685. 1580.

maeged, maegđ, gens, tribus, familia, mulier, uxor, sehr oft, z. B. 1247. 2004. 2610.

maedlan, loqui, und mathelian. 346. 519. 626. 1814.

morđ, caedes. 636. 689. 719 755. 1523. morther kennt Dan. 3969.

ofgifan, destituere, relinquere. 96. 1159. 1189. 1211. 1772. 2857.

rinc, vir, heros. 175. 286. 1008. 1191. 1620. 1784. 1889. 1904. 2026. 2146. 2426. 2874. —

rûm, laxus, amplus. 114. 213. 1889. 1904. 2594; dazu rûm, spatium 1161 und das Adverb rûme. 558. 670. 1238. 1367. 1423. 2106. 2184. Dan. 3809 braucht gerûme.

secg, nuntius. 1996. 2013. 2061. 2118. 2552, und seine Composita aêrendsecg 654 und ambyhtsecg 579.

steap, eminens. 1694. 2206. 2516. 2863. 2847.

stíð, rigidus, ist weder selbst noch in den Compositis stíðferhð, stiðhydig, stiðlic, stíðmôd im Exod. und Dan. gebraucht.

strang, fortis, durus. 115. 284. 445. 522. 1371. 1813. 2342. 2417. 2561. 2893.

sveord, ensis; mece kommt dagegen nur Exod. 3342. 3423 vor.

syn, peccatum, und torn, ira, beide sehr oft.

tuddor, propago. 911. 985. 1397. 1607. 2334. 2795.

veaxan, crescere. 80. 196. 1527. 1654. 1896. 2293. 2748.

veorthian, honorare. 328. 309. 534. 1880. Exod. und Dan. haben nur geveorthian. 3015. 3509. 3559.

vine, amicus. 821. 1189. 1861. 2692. 2728. 2810.

thanc, gratia. 238. 503. 722. 1501. 1953. 2341. 2429. 2768.

thedrf, necessitas. 279. 500. 660. 876. 1477. 1585. 2048. 2119.

Im Exodus haben wir, mit Ausnahme der Wörter,

welche wir bei der Genesis schon vorweggenommen haben, folgende lexikalische Eigenthümlichkeiten bemerkt:

céne, audax. 3251. 3285.

daegveorc, pensum. 3080. 3241. 3435. 3447. Das einfache, sonst sehr häufige veorc erscheint hier nie.

féda, pedes. 3154. 3241.

fyrst, spatium, tempus. 3118. 3137. 3196. 3223.

gelád, iter, via. 2987. 3135. 3242.

getheón, succedere. 3072. 3283.

lixan, fulgere. 3054. 3086. 3104.

pád, iter. 3416 und *ánpaed* 2987.

vitig, sapiens. 2954. 3099. Einmal 3921 auch im Dan.

Endlich sind aus Daniel zu verzeichnen:

aé, lex. 3624. 3736. 4268.

breme, celeber. 3622 und *breman*, celebrare. 3923.

cneóv, genu, genus. 3698. 4193.

gerŷne, mysterium. 3667. 4240. 4264. rûn 4059. 4258, einmal Exod. 3454. — rûncraeftig, magicus, 4251.

gesceddan, separare, zwar nicht ausschliesslich im Daniel, aber hier und Exod. besonders häufig: 3417. 3435. 3533. 4006. 4109. 4136. 4184. 4194.

gething, concilium, res. 3985. 4063.

heal, aula, 4236. 4246.

hyss, juvenis. 3734. 3749. 3770. 3789. 3948. 3962.

vilddeór, fera. 4022. 4089. 4139. 4167.

vóma, clamor; im Exod. und Dan. 3029. 3131. 3628. 3636. 4056, ein sehr altes Wort, das in der Prosa nicht mehr vorkommt. S. Grimm Einleitung zu Andreas und Elene, S. XXX.

Es kann, nachdem wir diese Zusammenstellung von vielen, jedem Gedichte eigenthümlichen Wörtern gegeben haben, auch in lexikalischer Beziehung nicht mehr zweifelhaft sein, dass wir Dichtungen drei verschiedener Verfasser vor uns haben, und zwar möchte sich unsere oben angedeutete Vermuthung, Exodus und Daniel seien älter als die Genesis, hier weiter bestätigen, indem dort mehr alterthümliche Worte als hier erscheinen (vgl. faele, vôma). Doch kann sich dies nur auf eine relativ frühere oder spätere Abfassungszeit der Dichtungen beziehen; denn die wirkliche Zeit der Dichter zu bestimmen, bleibt bis jetzt wenigstens eine unmögliche Sache, weil die Mehrzahl der auf uns gekommenen angelsächsischen Dichtungen ganz ohne Datum sind.

Wir sind am Schlusse unserer Untersuchung angelangt, und fassen das Resultat, welches sich ergeben hat, hier noch einmal zusammen. Die Conjektur Junius', Caedmon sei der Dichter unserer Werke, war im Allgemeinen höchst unwahrscheinlich; im besondern musste wenigstens die Genesis viel jünger sein. Da diese aber, wenn gleich jünger als die beiden andern Dichtungen, doch nicht um Jahrhunderte jünger sein kann, so dürfen wir mit voller Bestimmtheit alle drei Gedichte dem Caedmon des Beda absprechen. Ferner zeigte es sich, dass die Genesis eine genaue Paraphrase der biblischen Erzählung sei, vermischt mit apokryphisch-christlichen Elementen, und zwar ohne Schluss. Dagegen ergab sich der Exodus, poetisch sehr bedeutend und weit über die andern beiden hervorragend, und vollständig erhalten, als eine poetische Homilie über einen alttestamentlichen Text. Daniel war wieder Fragment einer Paraphrase des Buches Daniel, wobei sich der Dichter nur im Allgemeinen an seine Quelle gebunden hatte. Der Dichter der Genesis war, um es kurz auszusprechen, mehr dramatisch-episch, der des Exodus mehr lyrisch-episch, der des Daniel rein episch. Dies waren die innern Gründe, welche auf die Annahme führten, dass wir drei verschiedene Dichter anzunehmen hätten. Unterstützt und zur Gewissheit erhoben wurde die Annahme durch den Nachweis einer bedeutenden Anzahl grammatisch-orthographischer und lexikalischer Abweichungen in jedem der drei Stücke.

Man hat die Vermuthung aufgestellt, (Schmeller, Glossar zum Heliand XIV), Cädmon und Heliand seien von demselben Dichter Cädmon; denn wie Beda auch von neutestamentlichen Dichtungen Cädmons erzählt, so berichtet M. Flacius Illyricus in seinem Catalogus testium veritatis von einer Handschrift, worin ein sächsischer Dichter das alte und neue Testament zum Vorwurf seiner Dichtungen genommen habe; so sollte nun der Heliand der in der angelsächsischen Litteratur verloren gegangene neutestamentliche Theil Cädmons sein, welchen ein Altsachse in seine Sprache übersetzt oder freier übertragen habe. Die Conjektur wurde dadurch unterstützt, dass von dem altsächsischen Dichter dasselbe Geschichtchen von seiner Berufung zum Dichter erzählt wird, wie von Cädmon. Ob Grund da ist, die altsächsische Evangelienharmonie für eine Uebertragung eines angelsächsischen Gedichtes zu halten, können wir hier nicht untersuchen; Holtzmann wenigstens hat in Pfeiffers Germania I, 470 den Beweis davon zu liefern versprochen: das aber ergiebt sich aus unserer Untersuchung, dass die drei Gedichte Genesis, Exodus und Daniel mit dem Heliand nichts zu thun haben, eben weil sie nicht vom Mönche Cädmon sind.